EL PRÓDIGO DEL PERDÓN

EL PRÓDIGO DEL PERDÓN

*El verdadero rostro
de la misericordia del Padre*

Joseph Burtka

IMPRIMATUR
Crispín Ojeda Márquez
Obispo Auxiliar de México
Vicario General y Episcopal
Vicario Episcopal San José
Ciudad de México, 3 de Mayo de 2016

El Pródigo del Perdón
El verdadero rostro de la misericordia del Padre

Primera edición: agosto de 2016

Ilustración de la portada: Tais Gea

© 2016 Legionarios de Cristo, A.R.
©Editorial El Arca, S.A. de C.V.

ISBN: 978-607-8401-29-1

Reservados todos los derechos. Queda totalmente prohibida la reproducción, registro y transmisión total o parcial del contenido de esta publicación (texto, ilustraciones, fotografías y demás material gráfico) por cualquier medio físico o electrónico, sin previa autorización por escrito del autor.

Joseph Burtka
Visit my Instagram @padrejoseph_b

Printed in the United States of America

PRÓLOGO

Es bastante frecuente que las personas refieran al sacerdote la dificultad que tienen para perdonar. Muchas se sienten mal por no poder otorgar el perdón fácilmente. Me gusta hacerles notar que resulta comprensible que nos cueste perdonar. Y me gusta ayudarles a ver que esa dificultad se debe en parte a un olvido: que nosotros también hemos sido perdonados muchas veces.

Hemos sido perdonados y además por alguien que tendría todo el derecho a no perdonarnos: Dios. Esa experiencia la tenemos cada vez que nos acercamos al sacramento de la reconciliación. Es una experiencia completamente única pues sustancialmente Dios nos dice lo más maravilloso que podemos escuchar: nos dice que nos ama. Y lo hace sin lógica.

Digo sin lógica porque en cualquier relación humana donde una de las partes ofende a la otra, la parte ofendida retira la palabra, corre, profiere insultos, corta la relación. Pero con Dios no sucede así. Dios no corta relaciones, las sana. El perdón es también una manera que Dios tiene para decirnos que nos ama.

Pero ese perdón que nace del amor que Dios nos tiene supone dos cosas más: por un lado, un Dios que nos da una palmada en la espalda y nos dice con mucho cariño "ánimo, tú puedes. Yo sé que te resulta difícil, pero creo en ti". Y de ese modo el perdón se convierte en motivación y aliento, en un acto de fe de Dios en nuestra capacidad de correspondencia a su gracia. Por otro lado, el amor de Dios hecho perdón se convierte también en una segunda oportunidad. Cuando Dios perdona da una nueva oportunidad. Y esa oportunidad se transforma en el reto de ir a vivir como perdonado.

Sin embargo, la realidad que constatamos es que tantas veces le seguimos fallando a Dios. Le echamos ganas un periodo pero, después vuelven otra vez con fuerza las tentaciones y aunque podríamos rechazarlas pues Dios nos da la fuerza para ello, no lo hacemos y caemos.

Tenemos entonces, por un lado, la experiencia del perdón recibido que se traduce en oportunidad de imitar lo que Dios ha hecho con nosotros; y por otro lado tenemos la dificultad real de que no obstante la conciencia de sabernos perdonados otra vez fallamos.

Lo primero nos lleva a darnos cuenta que no comenzamos de cero cuando debemos perdonar. Aún más: que hemos hecho ya la experiencia del perdón con ese ánimo y segunda oportunidad que suponen de parte de Dios hacia nosotros.

Lo segunda, nuestro seguir siendo más o menos pecadores, llega a ser algo más profundo que el perdón. Y es aquí donde podemos hablar de misericordia. ¿Por qué Dios nos vuelve a perdonar si no sólo le hemos pedido perdón una vez sino muchas? Porque ama nuestras miserias. Eso es la misericordia, el amor por nuestras miserias. Dios conoce nuestra debilidad pero también conoce que en esa debilidad se manifiesta su gracia que nos empuja a acudir y acercarnos a Él con humildad, reconociendo que le hemos fallado pero que le amamos y queremos intentar de nuevo.

Es obvio que Dios sabe que le podemos fallar de nuevo y que de hecho muchas veces le fallamos, pero ama nuestra debilidad porque en esa debilidad somos más capaces de percibir qué lejos estamos de Él y cuánta necesidad tenemos de estar en su regazo amoroso.

Hoy la vida humana está, además, muy herida. Muchas personas sufren por sus propios pecados y también por los pecados ajenos. Y cuando Dios nos ve así de desprotegidos su corazón se vuelve especialmente próximo a nosotros y precisamente de vernos necesitados de amor y sanación se prodiga en gracias para nuestra alma, para nuestro cuerpo, para nuestra vida. Y todo esto es misericordia divina. Puro don suyo que no merecemos pero que necesitamos para perseverar en el camino.

Esa misericordia la vemos en diferentes momentos de la vida de Jesús en los cuales su corazón refleja ese cariz de amor compasivo y misericordioso al máximo. Sucede con el corazón divino capaz de ponerse en el corazón de la viuda que llora a su hijo muerto, a su hijo único (Lc 7, 11-17). Hoy diríamos que Jesús empatiza con la viuda de Naím, experimenta su dolor y esa experiencia le mueve a hacer un milagro.

El corazón de Jesús se enternece al ver a la muchedumbre como ovejas sin pastor (Mt 9, 36); el corazón de Jesús llora ante el amigo muerto (Jn 11, 35); el corazón de Jesús es capaz de desprenderse de todo, incluso de su propia madre (Jn 19, 27); el corazón de Jesús se disgusta, por amor, ante la irreverencia del ver a sus creaturas lucrando a costa del respeto del templo (Mc 11, 15-18)…

Pero quizá el lugar donde la misericordia, el amor de Dios por nuestras miserias, ha quedado mejor recogida es en la parábola del Hijo Pródigo. El libro que el lector tiene en sus manos es un libro que se sumerge en la profundidad de la misericordia de Dios para tratar de ayudarnos a redescubrirla y también a experimentarla. Lo hace entrando al corazón de los personajes, ayudándonos a entender y "sentir" sus corazones.

Resulta especialmente enriquecedoras en este libro las asociaciones que el autor hace de diferentes pasajes de la Biblia aplicándolas o vinculándolas al hilo conductor principal de la obra que es la parábola de Lucas 15, 11-32. Las reflexiones, además, no se quedan en meras consideraciones de valor espiritual sino que logran suscitar mociones aplicables al ámbito del día a día para quien entra en contacto con ellas.

Aunque la dimensión de esta obra es pequeña no lo es el contenido. Y para alguien que el perdón se le presenta como reto, como reto de misericordia, se convierte en un texto experiencial y por eso de provecho.

P. Jorge Enrique Mújica, LC

Al Señor de la Misericordia

Sin Ti estaríamos irremediablemente perdidos en una tierra lejana.

ÍNDICE

Introducción	1
I. Ante el dolor, el padre sólo sabe amar	5
II. Efraím, el hijo menor	21
III. Israelito, el hijo mayor	34
IV. El verdadero hijo pródigo	45
V. Las diez moneditas del perdón en el matrimonio	56

INTRODUCCIÓN

Un padre tenía dos hijos. El menor de ellos le dijo: "Padre, dame la parte de la herencia que me corresponde". El padre repartió entonces sus bienes entre los dos hijos. A los pocos días, el hijo menor reunió cuanto tenía y se marchó a un país lejano, donde lo gastó todo de mala manera. Cuando ya no le quedaba nada, sobrevino un terrible período de hambre en aquella región, y él empezó a padecer necesidad. Entonces fue a pedir trabajo a uno de los habitantes de aquel país, el cual lo envió a sus tierras, a cuidar cerdos. Él habría querido llenar su estómago con las algarrobas que comían los cerdos, pero nadie le daba nada. Entonces recapacitó y se dijo: "¡Cuántos jornaleros de mi padre tienen comida de sobra, mientras yo estoy aquí muriéndome de hambre! Volveré a mi padre y le diré: Padre, he pecado contra Dios y contra ti y ya no merezco que me llames hijo; trátame como a uno de tus jornaleros". Inmediatamente se puso en camino para volver a casa de su padre. Aún estaba lejos cuando su padre lo vio y, profundamente conmovido, salió corriendo a su encuentro, lo estrechó entre sus brazos y lo besó. El hijo comenzó a decir: "Padre, he pecado contra Dios y contra ti; ya no merezco que me llames hijo". Pero el padre ordenó a sus criados: "¡Rápido! Traigan las mejores ropas y vístanlo, pónganle un anillo en el dedo y calzado en los pies. Luego saquen el ternero cebado, mátenlo y hagamos fiesta. Porque este hijo mío estaba muerto y ha vuelto a la vida; se había perdido y lo hemos encontrado". Y comenzaron a hacer fiesta.

En esto, el hijo mayor, que estaba en el campo, regresó a casa. Al acercarse, oyó música y cantos. Llamando a uno de los criados, le preguntó qué significaba todo aquello. El criado le contestó: "Tu padre ha hecho matar el becerro cebado, porque tu hermano ha vuelto sano y salvo". El hermano mayor se irritó al oír esto y no quiso entrar en casa. Su padre, entonces, salió para rogarle que entrara. Pero el hijo le dijo: "Desde hace muchos años he trabajado para ti, sin desobedecerte en nada, y tú jamás me has dado ni siquiera un cabrito para hacer fiesta con mis amigos. Y ahora resulta que llega este hijo tuyo, que se ha gastado tus bienes con prostitutas, y mandas matar en su honor el becerro cebado". El padre le dijo: "Hijo, tú siempre estás conmigo, y todo lo mío es tuyo. Pero ahora tenemos que hacer fiesta y alegrarnos, porque tu hermano estaba muerto y ha vuelto a la vida; se había perdido y lo hemos encontrado".

Lc 15: 11-32

El 13 de marzo del 2015, en la celebración de una liturgia penitencial, el Papa Francisco anunció al mundo su deseo de convocar un Jubileo extraordinario de la misericordia; un jubileo que iniciaría con la solemnidad de la Inmaculada Concepción de aquel año y se concluiría el año siguiente en la fiesta de Nuestro Señor Jesucristo, Rey del universo.

Viendo los terribles estragos que causan el pecado en nuestras vidas, el Papa quiso ofrecernos a todos la alegría y la paz que emanan de la misericordia de Dios: Dios perdona todo, siempre. Nadie puede quedar excluido de la misericordia de Dios.

¡Con cuánto amor nos mira Jesús! ¡Con cuánto amor cura nuestro corazón pecador! Jamás se asusta de nuestros pecados. Pensemos en el hijo pródigo que, cuando decidió volver al padre, pensaba hacerle un discurso, pero el padre no lo dejó hablar, lo abrazó (cf. Lc 15, 17-24). Así es Jesús con nosotros. «Padre, tengo muchos pecados...». — «Pero Él estará contento si tú vas: ¡te abrazará con mucho amor! No tengas miedo».

(Homilía del Papa Francisco, 13 de marzo de 2015).

Con este pequeño libro, quiero continuar estas reflexiones acerca de la parábola del hijo pródigo. Espero que sea un bálsamo para el corazón adolorido y una manera de profundizar en el gran don del perdón y de la misericordia.

I. ANTE EL DOLOR, EL PADRE SÓLO SABE AMAR

Elige amar, y a lo mejor resucitas una vida.

1.
Introducción.

Cuando tu esposa, el amor y sueño de tu vida, muere a los diez años de matrimonio, el dolor, al menos durante unos largos meses, no conoce límites.
Hay soledad total.
Nada tiene sentido.

Tantos planes de la vida quedan irremediablemente truncados.
Tienes que pensar de nuevo tus valores y tus metas. ¿Qué hago aquí? ¿A dónde voy? ¿Qué significado tiene todo esto? ¿Vale la pena volver a comenzar?
Cuando añades al paquete dos hijos pequeños, uno de 7 y uno de 4, y no sabes ni cocinar, ni coser, ni alentar, ni

apapachar, estás de veras delante de un verdadero parteaguas existencial.

Todo esto, creo yo, lo vivió el padre... el padre del hijo pródigo.

Y el resultado fue entrar en sí y darse cuenta de que lo más importante en la vida no es el negocio (que le iba *muy* bien), ni las haciendas (¡tenía varias!), ni el dinero, ni el prestigio, ni el poder, ni nada de esto...sino la familia, los hijos. Es cuando decidió que iba a dedicar todo lo que le quedaba de su vida a ser padre.

2.
¿Viudo?

Cuando Jesús narró la parábola del hijo prodigo, dejó fuera muchos datos. El más obvio es la ausencia de la madre. Pues saca a colación al padre, a dos hijos, incluso a criados y becerros... pero en el drama que tenía que haber sido la pérdida del hijo menor, no me explico cómo no hace mención de una madre dolida, desconsolada.

Ella sería la primera en manifestar su angustia y tormento, levantando las manos al cielo y gritando palabras de desasosiego al Dios de la misericordia.

Sería muy difícil – mejor, imposible – callarla y pasarle por alto.

Yo me la imagino de rodillas, rogándole a su hijo en el momento de su partida con las mismas palabras que usó la mamá de los siete hijos mártires en el segundo libro de los Macabeos: "Hijo mío, ¡ten compasión de mí! Te llevé nueve meses en mis entrañas. Te amamanté durante tres años y te crié. Te eduqué, dándote el alimento, hasta la edad que ahora tienes. Yo te suplico, hijo mío…" no te vayas. Ten compasión de tu pobre madre. (cfr 2 Mac 7:27)

Si ella no irrumpe en la narración de la parábola, la única explicación que puedo concebir es que **este buen hombre tenía que haber sido viudo**.
Un viudo que aprendió mucho del dolor y de la soledad forzada.
Un viudo de una mujer a quien sólo la podemos encontrar en el capítulo 31 del libro de los proverbios:
Una mujer completa, ¿quién la encontrará? Es mucho más valiosa que las perlas. En ella confía el corazón de su marido… que la elogia: ¡Muchas mujeres hicieron proezas, pero tú las superas a todas!
Y claro, este hombre era tan bueno que sólo podría tener una mujer así, una mujer del mismo calibre.

3.
Un hombre bueno.

Con la muerte de su esposa, este señor no se quedó abatido y descarriado. Sí, pasó un buen rato sin brújula, navegando una marejada de sinsentido en la más oscura de las noches. Pero, logró enfrentar su pérdida, tomarla como reto, y crecer mucho como persona.

También encontró a Dios.

Si antes era un buen hombre con recursos y buena formación, ahora era hombre de fe, de vida espiritual, que cumplía sus compromisos para con Dios y para con los hombres.

En las largas horas de trabajo en el campo meditaba las gracias de su vida, contemplaba las grandezas del Señor.

Comenzó a percibir una mano invisible y firme que le sostenía y le guiaba con amor y suavidad.

Poco a poco aprendía a apreciar los detalles, las cosas pequeñas de la vida, a amarlas, a sentir una gran ola de gratitud por todas ellas.

Era ya un hombre profundo. Un hombre de contemplación.

Perdió su esposa, pero encontró un corazón más sensible, más agradecido. Un gran don, pero también una gran vulnerabilidad

(Claro, describo a este hombre como si fuese un gran santo... y no sin razón, pues Cristo se servía de él en la parábola como parangón del Padre celestial.)

4.
Sus hijos llegaron a ser TODO para él.

Si insisto en que fue viudo, es sólo para resaltar la nueva relación de amor que brotó entre él y sus hijos.

La familia perdió un miembro vital; no podía seguir adelante sin lazos más estrechos entre los que quedaban. Así es que los hijos llegaron a ser todo para ese padre.

Aunque al inicio, no fue así.

Sí, amaba mucho a sus hijos, y cuando nacieron sentía todo el orgullo que puede sentir un padre. Pero a fin de cuentas, en los primeros años – especialmente para los judíos del aquel entonces – los bebés y niñitos eran tarea y responsabilidad de las mamás (quienes, además, los comen a besos y difícilmente los sueltan.)

El papá, sin dejar de amar, tiende a alejarse un poco, mientras la mamá suele acaparar el afecto de los hijitos.

Entonces, aquí tenemos a este padre, feliz, orgulloso y satisfecho. Deja a sus hijos en las manos capaces y tiernas de su amada esposa y se dedica más a proveer todo para la familia...

...hasta que ella muere.

Desde entonces, el padre llegó a ser también madre.

Dicen que Rembrandt, al pintar su famosa obra *el Hijo Pródigo*, quiso sorprender al espectador con un dato curioso: las manos del padre no son manos uniformes. No son manos de la misma persona.

Para los que no conocen la pintura, en primer plano hay un joven andrajoso y rapado, con un pie descalzo y el otro arropado con los restos de un zapato. Está arrodillado delante del Padre, dándonos la espalda. El padre es una figura de pie, señorial, vestido elegantemente con una capa roja (el hijo, casi sin colores... un beige sucio). Vemos claramente la cara clemente del Padre, su figura fuerte, y sus dos manos sobre los hombros del hijo.

Una mano es potente, firme, la mano de hombre. La otra es fina y delicada; la de una mujer.

A mí me gusta ver en esa representación la unión del padre y de la madre en la figura del padre del hijo pródigo. Estando solo, él aprendió a ser las dos cosas.

Y es una buena explicación de lo que es Dios para nosotros. Si Cristo no menciona la madre del hijo prodigo, creo que es para subrayar que Dios es Padre y madre a la vez. Incorpora en sí mismo las mejores cualidades de los dos. Nos ama con un amor de padre y de madre. Más aún, nos ama muy por encima de cualquier amor humano, pues *incluso si una madre se olvidara de su bebé... YO no me olvidaré nunca....* (cfr Is 49:15)

Cristo no menciona a la mamá porque no hizo falta. Dios, además de no tener esposa, es papá y mamá y la relación entre los dos.

Siguiendo la narración, a través de la ausencia de su esposa, el padre logró encontrar la plenitud de su vocación y desde ese momento los hijos llegaron a ser todo para él. Eran el gozo y el orgullo de su vida. Hacía cualquier sacrificio para ellos.

Hay un pasaje del profeta Oseas que habla del amor que Dios Padre tiene para su pueblo Israel. Ahí se compara con el amor que tiene un padre para con su hijo pequeño.

Creo que capta bien el amor que el padre de la parábola tenía para sus hijos:

Cuando Israelito era niño, yo le amé...
Yo enseñé a Efraím a caminar, tomándole por los brazos.

Con cuerdas humanas los atraía, con lazos de amor, y era para ellos como los que alzan a un niño contra su mejilla, me inclinaba hacia él y le daba de comer... (cfr Oseas 11:1-4)

(Aunque Israel y Efraím son nombres que se refieren a un mismo sujeto – el pueblo de Israel – me da pie a imaginarme a Israelito como si fuera el hijo mayor, y a Efraím como si fuera el hijo menor.)

Llevaría horas con el uno y luego con el otro sobre las rodillas, explicándoles la Torá, enseñándoles a leer, iniciándoles en las lecciones de la vida.

Los hijos eran lo único importante que le quedaba... y cada rasgo y cada gesto era un recuerdo de su esposa amada. Era fácil ver que uno tenía los ojos y el pelo rizado de ella... y el otro, la sonrisa y el temperamento.

Y cuando había truenos en la noche... <u>era el padre quien iba a la cama de los niños.</u>

5.
Pero...después de tanto amor,
¿de dónde viene el rechazo?

Sentir el rechazo de un ser querido, de una persona íntimamente amada, es un dolor fuertísimo. Quizá el mayor posible.

Y si estos hijos llegaron a ocupar la parte central del corazón de su papá...

si el papá no tenía a nadie más en su vida...

tenía que haber experimentado un dolor fuera de lo común ante el rechazo del hijo menor. Un verdadero martirio.

Es algo que veo constantemente con las parejas: los hijos, a pesar de todo lo que hacen los papás por ellos, a pesar de tantos actos de amor y ternura, muchas veces se extravían, tomando decisiones que les perjudican la vida y les conducen por un camino lleno de amarguras.

¿Cuántos papás no pueden dormir porque sus hijos "ya no creen en Dios"; porque "les dicen groserías"; porque "están divorciados"; porque "se pelean con sus hermanos"; o peor todavía porque "ya no nos hablan"?

¡Cuánto sufrimiento y angustia... viendo de lejos sin poder hacer nada!

Pues, así fue la experiencia de este buen hombre.

Cuando viene su hijo menor a pedirle la parte de la herencia que le correspondía, hubo un verdadero terremoto en su corazón.

- O sea, el hijo se quiere ir. Se quiere marchar. No está feliz.

- O sea, ¿no ha compartido todo conmigo? ¿No han sido mis alegrías, sus alegrías? ¿No hemos sufrido juntos tantas horas de trabajo bajo el sol?

- O sea, yo pensaba que hacía todo su trabajo por amor... que vivimos con un mismo corazón... que compartimos los mismos ideales, valores.

Pero no era así.

- Entonces, ¿hacía las cosas por obligación? ¿Por deber?

- ¿Todo el tiempo guardaba una fachada, pero por dentro estaba inquieto, infeliz... lo hacía todo a regañadientes?

La petición del hijo fue como una ducha fría.

El Padre se sentía engañado. "entonces no conozco a mi hijo." "Mi hijo no ha entendido todo el amor que le tengo."

Dios Padre experimentó lo mismo ante el pecado de su pueblo Israel. Tampoco pudo Él aguantar su dolor ante la traición y grita acongojado: *¡Oigan, cielos! ¡Escucha, tierra! Así dice el Señor: «Yo crié hijos hasta hacerlos hombres, pero ellos se rebelaron contra mí. El buey conoce a su dueño y el asno el pesebre de su amo; ¡pero Israel no conoce, mi pueblo no entiende!» ¡Ay, nación pecadora, pueblo cargado de culpa, generación de malhechores, hijos corruptos! ¡Han abandonado al Señor! ¡Han despreciado al Santo de Israel! ¡Se han vuelto atrás!* (Is 1:2-4)

Ante tanto dolor y shock el padre no supo cómo responder. No supo qué decir.

Tampoco tuvo tiempo para reflexionar las cosas.

Ante las palabras "dame" y la mano abierta y extendida; ante la mirada exigente y fría de un - ahora ya - "desconocido"; ante la tensión y cierta prisa, el padre no encontró palabras. Y tampoco las menciona el evangelio.

Herido, en silencio, entregó la herencia al hijo menor...

...y con lágrimas en los ojos y un nudo en la garganta vio como juntaba sus cosas y se marchaba.

6.
Engaños de la vida. Sufrimientos inmerecidos...
¿Se pueden evitar?

Como el padre de la parábola, también nosotros padecemos traiciones y engaños en la vida. A veces seres queridos, gente a quien respetamos y hasta veneramos, nos fallan y nos lastiman. Hemos tenido, seguramente, malentendidos, confianzas pisadas y maltratadas, un corazón dolido y traicionado.

Sentimos vivamente el gemido del salmo 55, salmo que se puede poner fácilmente en la boca de Cristo ante la traición de Judas:

Si todavía un enemigo me ultrajara, podría soportarlo; si el que me odia se alzara contra mí, me escondería de él. ¡Pero tú, un hombre de mi rango, mi compañero, mi íntimo, con quien me unía una dulce intimidad en la casa de Dios! (cfr Salmo 55)

Ante todos estos dolores e injusticias nos brota espontáneamente la pregunta: ¿son evitables? ¿No hay nada que podamos hacer para protegernos? ¿Qué nos dice Jesús?

En primer lugar, Jesús nos invita a tomar nuestra cruz de cada día y seguir en pos de Él. Si queremos ser "cristianos", tenemos que ser como "Cristo". Y esto significa imitarle en todos los aspectos de su vida, incluso la vivencia de la cruz con amor. Pues, si el mismo Jesucristo no pudo evitar envidias, acusaciones, amarguras y traiciones, ¿cómo pretendemos evitarlas nosotros?

También nos invita a un sano realismo acerca del hombre: *Es imposible que no vengan escándalos; pero ¡ay de aquel por quien vienen!* (Lc 17:1)

Es imposible que no haya problemas, traiciones. El hombre es débil. No puede pasar mucho tiempo sin caer, sin fallar. Incluso el gran santo, el apóstol Pablo, se asombraba ante su propia impotencia y se frustraba ante su incapacidad de hacer el bien: *No entiendo lo que me pasa, pues no hago lo que quiero, sino lo que aborrezco... Aunque deseo hacer lo bueno, no soy capaz de hacerlo.* (Rom 7: 15.18)

Siendo un hombre tan apasionado y con tanto amor a Dios, perdía la paciencia al ver que seguía con los mismos problemas de siempre. Después de todo un debate consigo mismo a lo largo del capítulo 7 de la carta a los romanos, se exaspera y grita: *¡Soy un pobre miserable! ¿Quién me librará de este cuerpo mortal?* (Rom 7, 24)

O sea, ¿quién me librará de mí mismo? ¡Estoy harto de mi flaqueza humana!

Pero rápidamente vuelve en sí y descubre la respuesta que ya sabía: *¡Gracias a Dios por medio de Jesucristo nuestro Señor!*

Es Jesucristo quien me libera.

En Él todo lo puedo.

Él me dará la fuerza, y poco a poco iré mejorando. Debo tener paciencia.

¿Podemos, entonces, evitar nuestros errores y fallos? Ni los más grandes de los santos.

Hay que luchar contra ellos, claro, pero con mucha paciencia y confianza en Dios, aceptando que la perfección no se logra en este mundo.

Nuestros fallos nos molestan a nosotros, y muchas veces terminan causando dolor a los demás. A pesar de nuestros mejores esfuerzos, lastimamos a los que amamos.

Hace falta un sano realismo. Vamos a cometer errores y nuestros errores van a hacer sufrir a otros. No quisiéramos cometerlos; preferiríamos evitarlos... pero henos aquí, seres humanos, débiles. Debemos seguir trabajando y esforzándonos... y mientras tanto, por favor, paciencia. Perdón.

7.
¿Por qué lo permite Dios?

Siempre que queremos entender la mente de Dios, las cosas de Dios, tenemos que reconocer que estamos pisando tierra sagrada. Hay que quitarse las sandalias y ser humildes. Dios es tan grande, tan otro, que todo lo que podemos saber de Él queda corto.

Un intento de respuesta nos viene del libro de Job.

Job era un hombre rico. Rico en bienes, rico en virtud, rico en bendiciones de Dios. Vivía en paz y amor, rodeado por sus hijos y amigos.

Pero un día Satanás se presentó ante el Señor después de andar por todo el mundo.

El Señor Dios le preguntó si había visto a su siervo bendito, Job. Con bastante placer y santo orgullo, contaba a Satanás las virtudes y fidelidad de ese gran hombre.

"Claro" -respondió el ángel malévolo- "¿cómo no va a ser grande y santo si Tú le das todo y lo proteges en todo? Pero, ¡ah!, si tocas sus bienes, si le quitas lo que tiene, no dudo que Te maldecirá y Te abandonará por completo".

Dios Padre, escuchando al astuto estafador, le concedió su petición. Tanta confianza tenía en su amado Job.

Y así sucedió. Satanás le golpeó duro, y en un solo día perdió camellos y bueyes y ovejas y criados. Y para colmo, estando sus hijos en una fiesta, llegó un fuerte viento y tumbó la casa donde estaban. Y todos murieron.

No le quedaba nada de lo que tenía.

Pero Job, el santo... Job, el justo, no supo maldecir a Dios. Más bien oró: *El Señor me ha dado, el Señor me ha quitado, bendito sea el nombre del Señor.*

¿Por qué permite Dios esos dolores? – porque Él quiere ser todo para nosotros. Él quiere que le amemos tanto como nos ama Él (dentro de nuestras limitaciones).

Una prueba de esa índole ofrece al alma la posibilidad de unirse más a Dios, de valorar a Dios por encima de todas las cosas, de aferrarse a Dios. Claro, es un riesgo. Dios toma un riesgo fuerte. Pero también nos tiene confianza. Quiere confiar en nuestra respuesta.

Hay que aprender a ver las dificultades, las molestias, los desastres con los ojos de la fe.

Dios nos quiere purificar.

Nos quiere vaciar de todo lo que tenemos y todo lo que somos - en cuanto soberbia y egoísmo.

Vaciándonos de todo, nos puede dar el Todo... Dios mismo.

Si uno puede encontrar sentido en su pérdida, también puede encontrar paz, también puede usarlo para crecer.

8.
La victoria del amor

Algunas personas se retraen ante los golpes de la vida, se amargan. El padre no fue así. Él nos enseña cómo hay que vivir el dolor pues, el padre, conmovido, viendo desde lejos, esperando, atento, nunca dejó de pensar en el hijo, de esperar, de **amar**.

No pensaba en las palabras hirientes y frías de su hijo.

Simplemente **eligió no recordarlas**.

Cuando pensaba en ese joven, sólo veía su sonrisa, los muchos momentos de ternura, los abrazos.

Sólo recordaba el amor... en el amor.

Hay una frase del libro de los proverbios que me fascina. Es de las consignas más atinadas que hay en toda la Sagrada Escritura, y dice así: *El odio suscita altercados, pero **el amor cubre todas las transgresiones**.* (Proverbios 10:12)

A san Pedro le gustó tanto que la recogió en su primera carta: *Sobre todo, sed fervientes en su amor los unos por los otros, pues **el amor cubre una multitud de pecados**.* (1 Pe 4:8)

Nosotros estamos llamados a amar, hemos sido creados para amar. Muchas veces contemplamos la vida cristiana como una serie de prescripciones negativas: no hagas esto, no hagas aquello.

Pero el mensaje de Jesús se resume en una sola frase: *amen los unos a los otros como yo los he amado.* (Jn 13:34) Él sabía también que lo que el mundo necesita no es tanto evitar el mal, sino hacer el bien, multiplicar el bien, hacer crecer el amor en el mundo. Si siempre habrá errores y fallos y pecados, hace falta mucho amor... para cubrir una multitud de males.

El padre, que no se permitía otra cosa que amar, poco a poco iba cubriendo su herida y ese mal que le dejó su hijito pequeño. El bálsamo de amor le sanó por completo.

Tanto fue así que cuando por fin vio a su hijo de lejos, no pudo contener toda esa presa de amor que guardaba en su corazón. Saltó de su mirador y fue corriendo hacia su hijo. Se tiró a su cuello, lo llenó de besos, no dejaba de abrazarle.

Y cuando el jovencito, asombrado, quiso recitar el discurso que había memorizado, el padre no le dio oportunidad de decir más que un par de palabras.

¡Qué fuerte es el amor! Es más fuerte que la muerte... tan fuerte que el hijo que había muerto al pedir su parte de la herencia y cortar con el padre; precisamente ese hijo había vuelto a vivir.

Sin el amor del padre, nunca podría haber llegado a ser hijo de nuevo. Como máximo, hubiera sido jornalero.

Pidamos a Dios **un corazón libre** de amarguras. Un corazón que ama en toda circunstancia, especialmente cuando pasa por dolores, injusticias y traiciones. Un corazón que desconoce rencores y que se olvida de tristezas.

Un corazón que sabe amar – quién sabe – a lo mejor vuelve a dar la vida a un ser humano desolado y descartado.

II. EFRAÍM, EL HIJO MENOR

Saber perdonarse a sí mismo
"Entrando en sí mismo, dijo... me levantaré e iré a mi padre."
Lc15,17-18

1.
Somos pecadores.

Desafortunadamente, es una realidad inevitable: somos pecadores.

Nadie, por más bueno que sea, se escapa (sólo la Virgen María y Jesús mismo).

Y por si hay dudas, el libro de los Proverbios nos recuerda que *incluso el justo cae siete veces al día.* (Proverbios 24:16).

¿Y si no soy justo?

Jesús, ante una multitud que quiso apedrear a una pobre pecadora, asume esa realidad para salvarle la vida: *Aquel que esté sin pecado, que arroje la primera piedra.* (Jn 8:7). Da por un hecho, pues, que **no hay hombre sin pecado**, pues si hubiera habido la más mínima duda a lo mejor esa mujer hubiera quedado aplastada en vez de beneficiaria y testigo del perdón invencible de Cristo.

Además, el mero hecho de que todos somos pecadores ocasionó su llegada entre nosotros: *El Hijo del Hombre ha venido a buscar y a salvar lo que se había perdido.* (Lc 19:10)

Es decir, si no fuéramos pecadores, no habrá venido.

Dios sabe de sobra que somos pecadores. Sabe que vivimos en una situación de constante tentación y de caídas. Sabe que estamos inmersos en una marea de debilidad y enfermedad morales.

Pero no se deja impresionar ni asustar ante nuestra maldad, suciedad, perversidad y vileza. Lo presupone.

Lo presupone y no se queda con los brazos cruzados.

Cuando vino Jesús, no tenía miedo ni reparo al comer con publicanos y pecadores.

No se sorprendía ante nuestros fallos repetidos.

Supongo que pasó largas horas con familiares que perdían la paciencia, que se irritaban, que se dejaban de hablar durante algún tiempo. Familiares también que hacían incluso peores cosas. Nombres susurrados entre frases dejadas a la mitad para los entendidos que las sabían completar con datos sórdidos indecibles.

Y a pesar de eso, Jesús no se apartaba, no se aislaba, no se rodeaba con un muro... no le daba susto mancharse con nuestra humanidad tristemente herida.

No. Al contrario. A eso vino. A sanar y salvar.

No he venido a llamar a la conversión a los justos, sino a los pecadores. (Lc 5:32)

Precisamente este hecho tiene que ser un gran consuelo para nosotros, pues, si no fuésemos pecadores, no nos buscaría.

2.
Jesús no juzga... y nunca condena.

El primer pecado cometido por el ser humano – magistralmente narrado en el capítulo 3 del libro de Génesis – fue un pecado de soberbia, una soberbia ocasionada por una gran sospecha: ¿Dios me quiere o no? ¿De veras busca mi bien?

Esa sospecha fue tan penetrante y sutil que marcó al hombre para siempre. Hay un eco de ella en cada uno de nosotros. Lo escuchamos con frecuencia, especialmente ante las calamidades de la vida: si Dios es bueno y omnipotente, ¿por qué permite esto? ¿Por qué no me ayuda?

Los cristianos sabemos que Dios es Amor, que Dios es misericordia, que Dios perdona. Con la mente *sabemos* que nos quiere... pero en el fondo en el fondo, no estamos tan seguros. Más bien, tendemos a pensar que nos *soporta*.

Y es que hemos pecado tanto, hemos hecho el mal tantas veces en nuestras vidas que pensamos que hemos agotado para siempre Sus intentos de amor. "Me quiere porque me *tiene* que querer... porque es Dios. Pero realmente, yo soy un lastre para Él."

Si es la experiencia de tantos de nosotros, ¿no será verdad?

¿Cómo juzga, de verdad, Jesús a nosotros pecadores?

Él diría, *No he venido para juzgar al mundo, sino para salvar al mundo.* (Jn 12:47)

Hay un pasaje del evangelio de Lucas que me encanta porque matiza esa reticencia al juzgar. Se encuentra en el capítulo 13; los versículos 6 a 9.

"Un hombre tenía una higuera plantada en su viña. Vino a buscar fruto en ella, pero no lo halló. Dijo pues al viñero: "He aquí tres años que vengo a buscar fruto en esta higuera, y no lo hallo; córtala, ¿por qué debe de ocupar aún la tierra?" Él entonces respondiendo, le dijo: "Señor, déjala aún este año, hasta que la excave, y la abone. Y si hiciere fruto, bien; y si no, la cortarás después."

Sabemos que Dios es Uno y no hay diversidad de voluntades ni tensiones entre las personas de la Santísima Trinidad. De todos modos, la parábola es una metáfora, y me gusta ver en ella un diálogo hipotético entre Dios Padre y Dios Hijo. O quizá más propio, entre Dios Justicia y Dios Misericordia.

El dueño de la viña representa al Padre en su característica de Creador y de Justicia. La higuera somos tú y yo: hombres pecadores. El viñero sería el Hijo en calidad de Misericordia y Salvador.

Con amor y cuidado y mucha atención Dios Padre plantó una higuera en su viña. Soñaba con los frutos que iba a dar, y por eso, con ilusión (y cierta santa impaciencia) pasaba por su viña todos los días para, todos los días, volver a su casa con manos vacías. ¿Cuándo por fin iba a dar resultado esa higuera tan apreciada?

Al cabo de tres años había perdido esperanza. Ese árbol debe ser enfermizo. Ahora cuando entraba en su jardín, iba sin expectativa; ahora sentía pena y tristeza. ¿No sería mejor cortarlo y plantar otro? ¿Por qué permitir que siga chupando nutrientes que servirían mejor a una planta más digna?

Así es que llamó a su viñero.

El viñero era optimista por excelencia. Tenía un aprecio y amor por las plantas aún más que el que tenía el dueño (si cabe). Eso se entiende porque su perspectiva era un poco diversa.

Es que el viñero pasaba todo su tiempo en la viña. Básicamente vivía ahí. Conocía todos los detalles de cada planta. Las cuidaba como si fueran sus propios hijos (se dice que incluso tenía nombres para cada una). Hablaba con ellas y llegó a sentirse uno con ellas.

Bueno, cuando este hombre escuchó las palabras del dueño, no se desanimó. Mucho más, se comprometió a reduplicar sus esfuerzos por sacar adelante la higuera. "Amo, déjame. La voy a cuidar más. Hay un nuevo abono... traeré agua fresca de la presa... haré una pequeña zanja...la podaré con más atención."

Aquí veo esa mano de amor y de ternura del Hijo de Dios y ese espíritu de iniciativa invencible. ¡Nos quiere tanto!
Jesús no puede dejar de vernos con esperanza, de ver lo bueno que hay en cada uno de nosotros. Es un verdadero mago para buscar soluciones, nuevos intentos, nuevas gracias. No es capaz de abandonar a sus almas queridas.

Pero más impresionante aún es una sutileza al final del cuento: el viñero rehúsa de cortar el árbol: *si hiciere fruto, bien; y si no, TÚ la cortarás después.* O sea, "Amo, ese árbol no lo corto yo. Jamás podré cortarlo." Es como decir, yo no soy capaz de juzgar y de condenar.

(Ojo, un alma se puede condenar. El fruto de una vida egoísta y llena de pecado es *no querer entrar en el cielo, no querer entrar en la casa del Padre.* Pero ahí estará siempre el Padre con los brazos abiertos.)

Así es Nuestro Señor. No ha venido a condenar ni a juzgar. No puede. Jesús es amor y sólo y siempre será amor.

3.
No sólo no juzga, se deja cortar en nuestro lugar

El autor de la Carta a los Hebreos se emociona al hablar de Jesús, especialmente cuando lo considera en su papel de nuestro Intercesor y Sumo Sacerdote: Tomado de entre nosotros, ¡es uno de nosotros! ¡No hay distancias! Por eso nos entiende, nos quiere, se compadece de nuestras flaquezas. Más aún, ha sido probado en todo igual que nosotros, excepto en el pecado. Hay una compenetración total.

Nunca podremos decir, entonces, "es que el Señor no sabe cómo es vivir la pobreza, sufrir el hambre, ver a un ser querido morir, padecer tentaciones. Simplemente no me puede entender." Pues Jesús ha vivido en mi mismísima carne en este mismísimo mundo.

Estando las cosas así, ¿cómo no tener una confianza ilimitada en Jesús? ¡Es nuestro hermano y salvador!

(cfr Heb 4, 15-16)

Pero no sólo empatiza.

Jesús da un paso más... toma nuestra parte.

Ante lo que nosotros teníamos que haber sufrido, Él mismo se adelanta y se ofrece en nuestro lugar.

Es casi como si dijera al dueño de la viña, "Amo, no cortes esa pobre higuera. Preferiría mil veces más que me despidieras a mí. Carga sobre mí tu desencanto e ira y tristeza... pero deja vivir, por favor, esa pequeña higuera."

Isaías, con ojo profético predecía lo mismo siglos antes: ***El llevó nuestras enfermedades, y cargó con nuestros dolores...fue herido por nuestras transgresiones, molido por nuestras iniquidades.*** *El castigo, por nuestra paz, cayó sobre El, y por sus heridas hemos sido sanados.* (cfr Is 53:4-7)

San Pablo, contemplando este misterio, meditando todo lo que ha hecho Jesús por nosotros también se deja llevar por el asombro y no puede más que gritar: ***"Entonces, ¿qué diremos a esto? Si Dios está con nosotros, ¿quién estará contra nosotros? ... ¿Quién nos puede separar del amor de Cristo?"***

Para él la respuesta es obvia: *"Estoy convencido de que ni la muerte, ni la vida, ni ángeles, ni principados, ni lo presente, ni lo por venir, ni los poderes, ni lo alto, ni lo profundo, ni ninguna otra cosa creada nos podrá separar del amor de Dios que es en Cristo Jesús Señor nuestro."*

(cfr Rom 8:31,35,38-39)

4.
Si Cristo no condena, la pregunta es, entonces, ¿por qué me condeno a mí mismo?

El hijo pródigo despreció el amor de su padre. Lo insultó, lo traicionó y lo abandonó. Desgastó toda su herencia, todos los dones que se le habían dado. Se entregó a sus pasiones. Fornicó.
¿Hay algún pecado que quedó fuera de su lista, de su "shopping cart"?

Creo que lo que duele más es la frialdad de la petición y de la traición. El evangelio es tan abrupto: "*Un hombre tenía dos hijos; y el menor de ellos le dijo...*" o sea, no hay introducciones. De repente se presenta el hijo, y hace su petición... directamente, sin excusas, sin preámbulos, sin exordios, sin explicaciones. "Dame." Punto y basta.

Me hace preguntar hasta qué punto pensaba las cosas... si no fue un tanto – un mucho – superficial, inmaduro, ligero. ¿Hasta qué punto sabía qué estaba haciendo? *Padre, perdónale, pues* este en concreto *no sabe lo que hace.*

Estamos delante de una persona infantil, centro de su propio universo... una persona que no piensa más allá que en la inmediatez. No mide las consecuencias futuras; no valora el amor que ha recibido durante tantos años.

Ha pecado.

Gravemente.

Y los efectos de su vida desenfrenada son nefastos para sí... y para los que le aman.

Él mismo no puede creer la miseria en la cual ha caído.

Solo. Sin amigos. Sentado en la tierra, en harapos, en ayuno forzado y casi completo. Mientras veía a los puercos comer lo que poco a poco también le apetecía a él, Efraím volvió en sí.

Tenía tiempo para pensar.

Tenía tiempo para reflexionar y recordar...y madurar.

El vacío, sobre todo el dolor, nos hace pensar.

¿Por qué no intentar de nuevo?

Aceptaría las consecuencias.

"No merezco volver a ser hijo, pero no tengo que seguir siendo gusano... viviendo esta miseria. Podría ser jornalero como los muchos que tienen mi padre. Él es un hombre justo y bueno. Es muy posible que me ofrezca trabajo."

Muchos otros habrían pensado, "es inútil... no puedo volver." Pensarían en la vergüenza, en la infamia, en la regañada del padre y en las burlas de los demás jornaleros.

Muchos otros verían sólo lo negativo y el trago amargo de tener que humillarse.

Preferirían, equivocadamente, quedarse hundidos en su miseria.

Pero el joven Efraím, cuando se da cuenta de su pecado, no tira la toalla.

Sabía que a lo mejor le esperaba un camino tortuoso, pero cualquier cosa sería mejor que morir día a día en esa soledad impuesta.

Entonces, se levanta y va al padre.

Efraím supo perdonarse a sí mismo. Supo darse otro chance; levantarse; intentar de nuevo.

La vida no tiene que acabarse con una falta... con una serie de faltas... con un montón de faltas tremendas y garrafales. Siempre que hay vida, hay una nueva oportunidad.

O pecador, si *hoy* escucharas la voz del Señor...

5.
Al enfermo, hay que tratarle con bondad y cuidado. El pecado es una enfermedad.

La clave es mansedumbre y suavidad con nosotros mismos. No irritarnos con nuestras imperfecciones.

Algunos se flagelan hasta sacarse sangre... sin necesidad y sin sentido. Una falta cometida se repite una y otra vez en la memoria y la imaginación. A lo mejor piensan que si logran sentirse fatal, malísimo, a lo mejor así agradarán a Dios.

Pero Dios nunca ha sido así. Y dar vueltas a nuestra miseria simplemente no es saludable. ¿Cuándo sucede en el evangelio que Cristo, ante un pecador, dice, "te perdono tus pecados... pero vete, piensa en ellos una y otra vez... y si te vuelves a acercarte a mí, hazlo de rodillas y cubierto en ceniza?"
Jamás.

Cristo no quiere que pequemos... y mucho menos quiere que andemos pensando en nuestros pecados. ¿A quién le puede ayudar el hacernos sentirnos mal?

Es más bien señal de una soberbia sutil... una manera de decir que no somos dignos de ser perdonados, ni por Dios mismo.

Es normal que nos cuesten nuestros fallos y que no estamos felices con ellos... pero nunca amargarnos, nunca enojarnos. Y mucho menos enojarnos por estar enojados.

¡Tenemos que aprender a tratarnos con dulzura!

La dulzura de ninguna manera significa un cristianismo a medias. Incluso grandes ascetas de los primeros siglos de la Iglesia recomendaban paz interior y cordialidad con nosotros mismos.

Un ejemplo es el gran San Macario, uno de los "padres del desierto", ermitaño austero del siglo cuatro después de Cristo.

Ese hombre vivía solo, hacía mucha penitencia, ayunos, oraciones. Era un héroe de la fe y gigante de la vida ascética. Se trataba con mucha disciplina y exigencia para dominar sus pasiones y crecer en el amor a Cristo.

De un hombre así, uno esperaría palabras duras y enérgicas, arengas fogosas acerca de la violencia con la cual nos tenemos que tratar. Pero no era así. Ese guerrero de Cristo invitaba más bien a rezar con tranquilidad, siempre... y a no excitarnos. Animaba a la serenidad, recordando que es el diablo el primero que quiere agitar y quitar la paz: Ante nuestros fallos debemos tener un disgusto paciente, constante y firme.

Cuando corregimos a los demás con ternura y sin pasión, el efecto suele ser muy positivo.

Cuando corregimos con dureza, con enojo, aplastamos. A lo mejor logramos un cambio en el otro, pero será más por miedo que amor; y quién sabe cuánto durará.

Pues lo mismo pasa con nosotros mismos.

Será de mucho mayor provecho tratar a nuestro corazón culpable con suavidad, animándolo, evitando la ira. Si veo que fallo, en vez de acusarme, TENER PIEDAD Y COMPASIÓN.

San Francisco de Sales, conocido por su gran ecuanimidad y don de consejo decía:

Si hubiese caído en una gran falta, no quisiera reprender a mi corazón de esta manera:

¡Qué miserable y abominable eres, porque después de tantas resoluciones, te has dejado vencer por la vanidad! Muere de vergüenza; no levantes los ojos al cielo, ciego, desvergonzado, traidor y desleal a tu Dios", y otras cosas parecidas, sino que preferiría corregirle de una manera razonable y por el camino de la compasión: "Animo, pobre corazón mío. He aquí que hemos caído en el precipicio que tanto habíamos querido evitar.

¡Ah!, levantémonos y salgamos de él para siempre; acudamos a la misericordia de Dios y confiemos en que ella nos ayudara, para ser mas resueltos en adelante, y emprendamos el camino de la humildad.

¡Valor! seamos, desde hoy, mas vigilantes; Dios nos ayudará y podremos hacer muchas cosas.
(Introducción a la Vida Devota. Tercera Parte. Capítulo IX)

¿Es, pues, una sorpresa ver que la enfermedad esté enferma, o la debilidad, débil, o la miseria, miserable? Tratémonos con dulzura.

¿Por qué sorprendernos ante nuestra debilidad?

Incluso los salmos ven que el hombre es frágil y que necesita una palmadita: *Por qué te abates, alma mía, y por qué te turbas dentro de mí. Espera en Dios, pues he de alabarle otra vez.* (salmo 42,5)

El hijo pródigo tomó consciencia de su pecado. No se flagelaba ni se atormentaba. Decidió tranquilamente cambiar su vida; se puso de pie; comenzó su camino.

Vamos a levantarnos también y volver al Padre.

¿Por qué esperar tanto tiempo? Ojalá nunca tengamos que llegar a dar de comer a los puercos para darnos cuenta de que hay un Padre que nos espera.

Vámonos.

III. ISRAELITO, EL HIJO MAYOR

Perdonar
Se irritó y no quiso entrar en la casa

1.
El rencor.

Israel estaba en el campo.

El campo es un lugar de trabajo repetitivo, rítmico: La hoz se mueve a la derecha, a la izquierda, a la derecha, a la izquierda. Das un paso adelante y repites el movimiento.

Trabajar en el campo <u>puede ser como rezar el rosario</u>: movimientos cadenciosos, pausados, constantes... movimientos que llegan a ser hábito y permiten rezar: la mano en la bolsa, empuñas unas semillas, las tiras, das un paso, repites... horas...

No es tan fácil "pensar" cuando uno trabaja en el campo, pues, aunque te hayas hecho un hábito, los movimientos requieren concentración. Pero, "meditar", eso sí. Meditar según el ritmo de la hoz. Meditar como cuando uno agarra una frase de la Biblia, un salmo, o el mismo nombre "Jesús", y lo va repitiendo una y otra vez, haciendo que cale, que penetre, que pacifique.

En otras palabras, no se puede "discurrir", pero si repetir, a gotas, jaculatorias, deseos.

Es bueno para rezar... no tanto hablar... pero sí, meditar.

Israel, el hijo mayor, llevaba mucho tiempo en el campo. Llevaba mucho tiempo meditando.

Cada vez que movía la hoz, sentía. Se repetía en él una y otra vez un sentimiento, un solo pensamiento, una queja... "mi hermano".

Le molestó mucho la partida de su hermano menor... y la manera... la cara dura, la inmadurez, el egoísmo total. "Nos abandonó. *Me* abandonó... ¡a mí!" "Aquí estoy haciendo mi trabajo... y lo que le tocaba a él".

Israel tenía una herida. Un rencor.

Y por más que quería, no podía olvidar.

Pero igual le molestaba la reacción de su papá. Él esperaba fuego, violencia, justicia. No entendía cómo el papá seguía rezando por el menor, cómo hablaba de él con esperanza.

Pero sobre todo le molestaba ver cómo el papá se fijaba a cada rato en el horizonte... como para ver si el menor volvía... y en las tardes, después del trabajo, cómo se ponía en la terraza a esperar.

Le molestaba porque sentía que no era justo.

Aquí estaba él, el mayor. Fiel. Trabajando el doble. Pero ahí estaba el papá, con su mente en otro.

Sí, el papá le mostraba cariño, pero en cierta forma esperaba que el padre se olvidara del menor y que sólo pensara en él.

Israel estaba en el campo.

Un día de verano.

Una larga faena.

Un verano tuve el gusto de trabajar en una granja recogiendo fresas. Me levantaba a las cuatro de la mañana para llegar a tiempo y comenzar antes del salir del sol. (Las fresas son delicadas y es mejor recogerlas antes de que se calienten por el sol y se hagan demasiado blandas y frágiles).

Ya a las doce de mediodía recogía mis canastas y acababa la labor del día... muerto.

Pero otros seguían. Sobre todo, los supervisores. Ellos llegaban una hora antes y no terminaban hasta horas después.

Israel seguía.

Era el hijo del dueño... y el dueño ya no salía al campo.

Era el encargado y este era su campo.

Israel seguía.

Seguía y meditaba.

El pasaje de la Biblia que mejor capta el peligro del rencor, y que mejor describe lo que sucedía en el corazón del pobre Israelito, se encuentra en el cuarto capítulo de Génesis, el versículo seis: *Yahveh dijo a Caín: ¿Por qué andas irritado y por qué se ha abatido tu rostro? ... a la puerta está el pecado acechando como fiera que te codicia, y a quien tienes que dominar.*

Israel sentía cómo su corazón se hacía preso del rencor. Algo en él quería resistir... pero era más agradable – más justo (!) – dejarse llevar.

2.
Pisar callo.

Cuando se acercaba a la casa, escuchó música.

<u>Nunca</u> había música.

Bueno, en algunos días de fiesta, en una que otra boda... pero eso era muy bien planeado, sabido de mucho antes, largamente anhelado.

Nunca había música así, sin aviso... y nunca, NUNCA, con él todavía en el campo.

Si ya estaba cansado y un poquito de mal humor, no es que esta música le haya serenado el espíritu:

"¡Cómo! ¡Se están disfrutando!... ¡y no han pensado en mí!"

"Aquí me estoy matando... de hecho, me quedé más tiempo asegurando los últimos detalles... y no me han esperado."

"Y, ¿Por qué toda esa música? ¿Cómo es que nadie me ha dicho nada? ¿Qué, o a quién, podrían estar celebrando?

El cansancio, el enojo, la autocompasión y esta sorpresa – todo se combinó para crear "la tormenta perfecta". La susceptibilidad. La sensibilidad total.

Cuando nosotros somos el centro de nuestro mundo, cuando damos vueltas a una herida, nos hacemos hipersensibles. Interpretamos TODO desde nuestra llaga.

Cosas fácilmente aguantadas cuando estamos de buen humor llegan a ser verdaderos suplicios.

"Siempre a mí me toca servir..."

"Parece que a nadie le importa la limpieza de esta casa; todo el día estoy recogiendo lo que está fuera de lugar."

"El jefe estaba alabando a los compañeros de trabajo, pero no se dio cuenta de los esfuerzos extras que yo había hecho."

O sea, "nadie piensa en mí."

No es que no habían pensado en él... querían tenerle ahí cuanto antes, para gozar todos juntos, y así aumentar el gozo... pero las cosas tomaron su rumbo y no podían esperar.

Centrarnos en nosotros mismos nos hace perder la objetividad.

Visto desde el punto de vista del hijo mayor, podemos entender algo de su frustración. A nadie le gusta llegar tarde a una fiesta y sentirse olvidado. Pero aquí él tenía que haber hecho un mayor esfuerzo por ser objetivo.

Era imposible que el padre esperara a mostrar su alegría y celebrar. No sería ni justo ni sano: "Hijo, qué bien que hayas llegado; te echamos tanto de menos... pero espérate un ratito aquí en el sillón y vamos todos a quedarnos quietos hasta que llegue tu hermano."

Las circunstancias obligaron una fiesta... y ¡ya!

3.
El berrinche

Si le das vueltas al rencor, llega un momento cuando tu orgullo propio tan herido no deja espacio para marcha atrás. Como que soltar el rencor sería admitir que te habías equivocado, que te habías pasado. Entonces te aferras y te encierras. Tú, y tú solo, tienes razón.

Así se encontraba Israelito...fuera de la casa.

No quiso entrar.

No pudo entrar.

Cuando el padre salió en su búsqueda, ni él podía ayudar (¿no sucede lo mismo con Dios? Dios siempre respeta nuestra libertad. Busca ayudarnos y convencernos, pero tenemos que asentir y aceptar.). El papá animaba, motivaba, alentaba, confortaba... y no sabemos si Israel logró dejarse convencer. La parábola se acaba inconclusa.

Aquí hay otro misterio y otro dolor para el padre.

Igual como la pedida de la herencia de parte del hijo menor le cogió totalmente de sorpresa, también este berrinche del hijo mayor hundió al padre... pues *¿no estás siempre conmigo y no es todo lo mío también tuyo?*

Salió a buscarlo pensando que tenía que haber habido un error... que el mayor no entendía, pues *convenía celebrar una fiesta y alegrarse, porque este hermano tuyo estaba muerto, y ha vuelto a la vida.*

Sin embargo, era el padre quien estaba en el error; un error del conocimiento de su propio hijo. ¡Qué sorpresa suya al encontrar ese corazón roto, achicado!

Y lo peor de todo es que el mayor sabe o al menos intuye que está mal. Que su reacción es de adolescente. Pero como que no puede salir.

Rechaza la mano que busca sacarle del hoyo.

Castiga a los demás castigándose a sí mismo.

Israel no se dejó alegrar. No quiso participar en la alegría de los demás.

¿Cómo podemos abrir nuestros corazones y salir de tal calabozo tan oscuro?

Quizá este tipo de demonio sólo se quita con ayuno y oración.

Pero hay también otros auxilios que podemos implementar.

4.
Hay que aprender a perdonar.

Perdonar no suele ser fácil, especialmente ante grandes heridas. He aquí unas sugerencias que pueden servir para suavizar el ánimo e ir abriendo poco a poco el corazón a la sanación.

1) Agarrar la dificultad a la primera. No esperar. *No dejen que el sol se ponga estando aún enojados.* (Ef 4:26)

Si te acuestas con este rencor dentro de ti, echará raíces y será mucho más difícil arrancarlo después. Comenzará una guerra fría nunca imaginada ni deseada. Aprende a perdonar y olvidar rápido.

2) Objetivar. No quedarnos con un sentimiento vago. Muchas veces nos dejamos llevar por la ira, por la frustración, por toda una maraña de sentimientos; pero si nos ponemos a analizar las causas, no sabemos claramente por qué estamos enojados.

Hay que ser objetivos. Sentarnos en la mesa delante de una hoja de papel con lápiz en la mano y anotar por qué estoy irritado. Apuntar cuáles son las cosas que no puedo perdonar.

A veces uno se da cuenta que realmente son pocas... y mucho más leves de lo que pensaba. A veces el sentimiento nos arrebata y perdemos tanto la brújula como el equilibrio.

3) No quedarnos con un solo momento del pasado.

No somos justos con nuestra memoria. Hay familiares, amigos, conocidos con los cuales hemos compartido miles y miles de momentos buenos y de experiencias llenos de alegría. Pero por un solo un momento malo, una sola discusión, un solo malentendido, un fallo, un error – o incluso una traición o abandono – mandamos toda esa relación a volar. Elegimos recordar sólo ese mal momento. No queda nada bueno en la otra persona.

Hay que limpiar bien nuestra memoria.

4) Recordar que el rencor no afecta al otro, sino sólo a mí. El rencor es como beber un veneno y esperar que mate al enemigo. Por mi propio bien y mi propia salud mental, tengo que librarme de esta cadena que sólo me ata a mí.

¿No es la máxima frustración ver cómo tantas veces el "enemigo" anda tan despreocupado como Pedro por su casa, sin ni siquiera darse cuenta del odio que le tengo?... Y aquí yo, con una úlcera por el rencor que le guardo.
Ten compasión de ti. Suelta el rencor.

5) Dejar de contarlo... incluso a mí mismo.

Un año en tiempo de navidad tardé en escribir una nota de agradecimiento a una tía por el regalo que me había dado. La verdad, no había logrado el hábito todavía y tenía que haber apreciado mucho más los sacrificios de los demás. Pero no esperaba la reacción que iba a tener mi tía. Cada vez que me saludaba durante años después, bajo una u otra forma, a veces sutil, a veces brutalmente, lograba recordarme que nunca le había agradecido.

Una vez, bien, se entiende. ¿Dos? Está bien, a veces uno puede ser sensible. Pero ¿tres, cuatro, diez, veinte, cien veces? ¿Cuando ya había pedido perdón? Ya estamos delante de una enfermedad.

Si me doy cuenta de que repito el mismo chisme una y otra vez a los demás, es hora de dejar esto. No me conviene. Sólo lleva a la amargura. Pero tampoco contármelo a mí mismo. Hay que librar la mente de todas esas telarañas que sólo entristecen la vida.

6) Contarlo desde el punto de vista del otro.

Se podría comenzar preguntándome si no he hecho algo semejante. A fin de cuentas, los seres humanos estamos hechos del mismo barro y tendemos a cometer los mismos fallos. Si yo fallo tanto, ¿por qué exigir o soñar con que el otro sea perfecto?

Pero más importante aún es intentar ver las causas y circunstancias que habrán llevado al otro a herirme. Todos somos pecadores; todos somos muy limitados. Muchas veces nos sobrepasan las circunstancias de la vida: las tensiones, heridas, preocupaciones, enfermedades, etc, que anidan en nuestro corazón. No sabemos encausarlas ni disiparlas. Nos cogen por sorpresa y frecuentemente nos llevan donde preferiríamos no ir. El resultado suele ser que otro recibe el efecto de todo este mal que está en mí. Muchas veces no he tenido ningún deseo de ofender; otras veces ni siquiera supe que había ofendido.

Hay que buscar ver y comprender los motivos del otro. También es un ser humano inteligente con corazón que, en el fondo, busca el bien y busca amar y ser amado.

No olvidemos el ejemplo de Cristo, quien pide al Padre que nos perdone porque no sabemos lo que hacemos. Y realmente, muchas veces, no tenemos idea.

7) REZAR por el otro.

Quizá tendríamos que haber comenzado con este punto primero: la oración como paso inicial del perdón.

El rezar en sí mismo comienza una relación incipiente, intencional, con la persona que me ha hecho daño. Es una forma de desearle el bien, de pensar bien de él, de verle como ser digno de amor y respeto.

El rezar inicia un cambio de actitud dentro de mí. Crea una especie de interés... un rudimento del amor. Hay un deseo de ver que la otra persona cambie, que se mejore. Es una actitud mucha más positiva.

Finalmente, el rezar abre el corazón a Dios, a su misericordia. Permite a Dios que trabaje en mí, que vaya quitando el dolor, cubriéndolo con el amor.

8) Hacer algo bueno por el otro

Guardo este consejo para el final porque es el último paso para salir del círculo del rencor. Implica que, en gran parte, ya haya perdonado a mi agresor, aunque todavía no exista una relación natural entre nosotros, o que todavía no pueda olvidar el dolor por completo.

Si comienzo a hacer el bien por el otro, en cosas pequeñas, pronto dejaré toda amargura. Pero ojo, a veces la persona no acepta con agrado el bien que le hago. Esto puede resultar una nueva herida. El amor siempre implica vulnerabilidad, pero conviene estar abierto a esa posibilidad y desear amar incluso si el otro no corresponde.

Este punto es, en cierta forma, para héroes en la virtud. Pero una vez que uno lo logra, es indicio que el rencor ha muerto del todo.

IV. EL VERDADERO HIJO PRÓDIGO

Según el diccionario de la Real Academia Española, la palabra "pródigo", cuando se refiere a una persona, significa: alguien que desperdicia y consume su hacienda en gastos inútiles, sin medida ni razón.

Hay muchas personas que, a lo largo de la historia, han imitado el mal ejemplo del hijo pródigo, desgastando inútilmente sus bienes, sin medida y sin razón. Algunos lo hicieron buscando el placer; otros la fama o el poder. Otros más despilfarraron todo con el afán de recuperar la salud, como la hemorroísa del capítulo cinco de Marcos.

A pesar de todos estos casos, el título de pródigo a nadie le conviene mejor que a nuestro Señor Jesucristo. Él es el hijo prodigo por antonomasia.

1.
Gastó todo... sin medida ni razón.

Nadie como Cristo consumió todo lo que tenía, todo su ser, toda su vida, sin medida ni razón. Él lo dio todo, incluso, en cierta forma, su misma divinidad... por amor a nosotros.

San Pablo lo describe así: Jesús *existía en forma de Dios, pero no consideró el ser igual a Dios como algo a qué aferrarse, sino que se despojó a sí mismo tomando forma de siervo, haciéndose semejante a los hombres. Y hallándose en forma de hombre, se humilló a sí mismo, haciéndose obediente hasta la muerte, y muerte de cruz* (Flp 2,6-8)

Y el profeta Isaías de esta manera: *El llevó nuestras enfermedades y cargó con nuestros dolores; fue herido por nuestras transgresiones, molido por nuestras iniquidades. El castigo, por nuestra paz, cayó sobre Él.* (Is 53:4,5)

Mientras moría clavado en una cruz, Jesús ofreció su vestido, sus sandalias, sus dolores, su sangre, hasta su misma madre por nosotros. Lo entregó todo. No guardó nada para sí. Y cuando no tenía nada más que dar, entregó su vida.

Si Santo Tomás de Aquino en su célebre himno, el *Adoro te devote*, afirmaba que *una sola gota (de la sangre de Cristo) puede liberar de todos los crímenes al mundo entero*, es con asombro que vemos que Cristo derramó toda su sangre. ¿Por qué "toda" si bastaba una gota? De hecho, ¿por qué siquiera una gota? Era Dios. Podría haber escogido cualquier camino, incluso un camino que no implicaba el sufrimiento.

Es bajo esta óptica que podemos concluir sin lugar a dudas que el suyo fue un sacrificio sin medida y sin razón.

Pero ¿por qué?

¿Por qué tanta entrega? ¿Por qué tanto dolor?

Porque así es el maravilloso amor de Dios: un amor que no conoce límites; un amor que va más allá que la lógica humana. Un amor totalmente pródigo.

2.
Pero... ¿un gasto inútil?

Para ser un verdadero pródigo, no basta gastar una herencia sin medida ni razón; hace falta que sea también inútil.
¿Podemos decir que el sacrificio de Cristo fue inútil?

En su sentido más propio, no. Su muerte en la cruz abrió el cielo, nos redimió, nos reconcilió con el Padre, nos libró del pecado. La Pasión de Cristo en sí es eficacísima.

Pero el problema no está en la Pasión, sino en el hombre, quien se puede cerrar a tan gran gracia y hacer que los efectos sean nulos para su persona.

Hace unos años la Iglesia, bajo la dirección del papa Benedicto XVI, corrigió las palabras de la consagración del vino en la Sangre de Cristo en los diversos idiomas, para adecuarse a la versión original en latín.

Donde se decía que la Sangre de Jesús "será derramada por ustedes y por todos los hombres para el perdón de los pecados", ahora se dice que "será derramada por ustedes y por muchos". Se han usado las palabras "por muchos" en vez de "por todos" con el fin de reflejar mejor el original en latín "pro multis". Pero también hay una razón de fondo que requería el cambio.

La expresión "por todos" podría dar a entender que la Redención de Jesucristo se aplica automáticamente a todos los hombres, sin que fuera necesaria una correspondiente cooperación humana. El término "por muchos", al contrario, quiere subrayar que, aunque la Redención es accesible para todos los hombres, no son todos los que la acogen adecuadamente y la hacen realidad en sus vidas.

En este contexto, si hubiera tan sólo un alma desafortunada que no se aprovechara de la Redención de Cristo, podríamos hablar de un gasto inútil de esa entrega pródiga de nuestro Señor.

Cuando Juan dice que: *a los suyos vino, y los suyos no le recibieron,* (Jn 1:11) vislumbramos la frustración que podía haber sentir Jesús al ver que su amor no es siempre acogido. También no dudo que habrá sido acosado por Satanás en Getsemaní o en la cruz con la tentación de pensar que su sacrificio sería infecundo para muchos.

Jesús, gran pródigo del amor del Padre, te agradecemos el don de una entrega tan completa y de un amor tan sin medida ni razón... pero te pedimos que en algo falle tu prodigalidad: que no sea para nadie un gasto inútil.

3.
Una nueva lectura de la parábola.
La necesidad de ir a una tierra lejana.

Un Padre tenía un Hijo...

...y difícilmente podemos entender cuánto le amaba. Pues ese Padre no tenía a nadie ni a nada más en todo el universo (de hecho, ni siquiera había universo).

El padre no podía verle al hijo sin emocionarse, sin estar orgulloso. No podía hablar de nada más, sino de su hijo... por eso en toda la historia Dios ha dicho una sola Palabra.

El hijo hacía todo lo que el padre le pedía. Correspondía perfectamente. Era el reflejo perfecto del padre y constantemente sorprendía al padre con su ilimitado amor.

El Padre se volcaba sobre el Hijo con un amor tan inmenso que de ellos procedió el Espíritu Santo.

No podemos entender. Nos sobrepasa. No hubo momentos de "descanso" de ese amor; no hubo momentos de rutina. Siempre ha sido una especie de enamoramiento extático que no conoce límites ni enfriamiento... el simple estar en la presencia del otro y gozar.

Una cosa curiosa. Padre e Hijo y Espíritu Santo quisieron compartir ese amor. Era algo tan grande y maravilloso que tenían que desbordarlo. Tenían que abrirlo, difundirlo... pero ¿Dónde? ¿Cómo? ¿En quién?

Así es que el Padre decidió crear una multitud de hermanos para el Hijo. Aunque tan sólo seres humanos, ellos compartirían su misma gloria y vivirían para siempre en el mismo amor.

Pero como sabemos, las cosas no salieron tan bien.

Estos otros hermanos... estos otros hijos del Padre comenzaron a sospechar del amor del Padre. Un enemigo se metió en su campo y los convenció de que el Padre realmente no los quería tanto como aparentaba... que les retenía una gran porción de la alegría y del amor que Él mismo vivía con su Hijo.

Entonces decidieron abandonar la casa del Padre e ir a un país lejano... un país que prometía independencia y autoafirmación y placer y libertad... pero un país que terminó siendo más bien oscuro e inseguro, con habitantes rudos y amenazadores: el dolor, la enfermedad, la soledad, las lágrimas, y el peor de todos, la muerte.

Al Padre le dio una pena tremenda ver la despedida triste de sus otros hijos. Pasaba largas horas en la veranda, observando, pensando, esperando, con nostalgia. De vez en cuando le entraba la duda de sí no había cometido un error al crear a estos otros hijos. Ponía la cara en las manos y lloraba.

El Hijo compartía todo ese dolor. Pero permanecía en silencio. Veía a su padre con ojos grandes, dilatados. Era un misterio ver cómo sufría. Y el Hijo sufría con Él... y el Hijo sufría por sus hermanos, a quienes tanto quería. Y también pensaba y también lloraba y también quería hacer algo para traerles de nuevo a casa... para enderezar lo torcido.

Un día el Hijo tuvo una idea... una idea fabulosa, milagrosa, maravillosa.

Fue a donde el Padre y le dijo:

"Padre, dame la herencia que me corresponde". Es decir, "dame de nuevo a mis hermanos...ellos son mi herencia. Me los prometiste. Me los diste... pero se han extraviado. Dame de nuevo esa herencia que me corresponde".

Pero el Padre *miró desde los cielos sobre los hijos de los hombres para ver si hay alguno que entienda, alguno que busque a Dios. Todos se han desviado, a una se han corrompido; no hay quien haga el bien, no hay ni siquiera uno* (salmo 53).

Todos son como ovejas perdidas...

Y pensó, "Alguien tendrá que ir en búsqueda. Alguien tendrá que ir a rescatarlos".

¿A quién enviaré? ¿Quién irá de parte nuestra? (Is 6:8)

La respuesta, y sólo podía haber una, no tardó en llegar: *¿Qué haré? Voy a enviar a mi hijo querido; tal vez a él le respeten* (Lc20:13)

Al escuchar la llamada de su Padre, el Hijo respondió con gozo: *¡He aquí que vengo a hacer, oh Padre, tu voluntad!* (Heb 10:7) *Heme aquí. Envíame a mí.* (Is 6:8) *Anunciaré tu nombre a mis hermanos, en medio de la comunidad te alabaré.* (Heb 2:12)

Tanto amaba a los hombres, tan fuerte era su decisión de salvarlos, que aceptó todo lo que podría significar esa misión; incluso la muerte. Así podemos escuchar el eco de las palabras de Moisés en la boca del mismo Hijo: *¡Ay! Este pueblo ha cometido un gran pecado al hacerse un dios de oro. Dígnate perdonar su pecado... y si no, bórrame a mí del libro que has escrito.* (Ex32:31). Y terminó exactamente así: se dejó "borrar" para salvar a los suyos. Caifás lo había predicho: *conviene más que muera un solo hombre por el pueblo, y no que perezca toda la nación.* (Jn11:50)

Ante respuesta de tal generosidad el Padre se emociona: *¡Tú eres mi Hijo amado, en quién me complazco!* (Mt17:5) Abraza al hijo y se despide de él.

4.
El hijo se marchó a un país lejano.

"Y el Verbo se hizo carne y habitó entre nosotros". (Jn 1:14)

Se hizo uno con nosotros en todo menos el pecado; compartió nuestro destino; se vistió con nuestra mortalidad; experimentó el dolor, la soledad, las lágrimas.

Amaba a los suyos que estaban en el mundo.

"Pasó haciendo el bien y curando a los oprimidos por el demonio". (Hechos 10:38)

Realizó *"milagros, prodigios y señales...entre los hombres".* (Hechos 2:22)

Dio todo lo que tenía, desgastó todo lo que poseía, viviendo entre hombres de mala vida y mala fama.

Después de ofrecerles todo, **cuando ya no le quedaba nada, sobrevino un terrible período de hambre**; un hambre espiritual, un hambre de amor. Pues *"desde aquel momento muchos...se retiraron y ya no andaban con él".* (Jn 6:66) Parecería que su misión estaba fracasando.

Él habría querido llenar su estómago con las algarrobas del amor raquítico de los hombres... **pero NADIE le daba nada.** *"Fue despreciado y desechado de los hombres... fue despreciado y no le estimamos".* (Is53:3)

Se entristecía y pensaba, "*¡Cuántos jornaleros de mi padre tienen pan en abundancia, y aquí...* se mueren de hambre! He venido a salvar, a traerles el pan del cielo, "*el que da la vida eterna*" (Jn6:27), pero ellos se conforman con los pobres placeres de este mundo. He venido a traerles a la Tierra Prometida, pero ellos se conforman con las "cebollas de Egipto" (cfr. Núm 11, 4-6)

Entonces vio claro que la única manera de convencerles y de salvarles era *levantarse* en la cruz y *volver al Padre*.

Volveré a mi padre y le diré: Padre, "*perdónales... porque no saben lo que hacen*". (Lc 23,34)

Pecaron contra el cielo y ante ti y no merecen ser llamado hijos tuyos... pero una palabra tuya y su alma quedará salva. (cfr. Lc 7,7)

Nadie le quitó la vida. La entregó libremente. Vino para que tuvieran vida, y la tuvieran en abundancia. Entregó su espíritu y volvió a la casa del Padre.

Parecería un esfuerzo en vano, un intento fracasado, pero *cuando todas las multitudes que se habían reunido para presenciar este espectáculo, al observar lo que había acontecido, se volvieron golpeándose el pecho.* (Lc 23:48)

Poco a poco algo comenzó a cambiar. Unas semillas cayeron en buena tierra... *y produjeron treinta, sesenta y cien*. (Mc4:8)

Cuando llegó el Hijo, todo desgarrado, perforado, en los harapos de la carne humana ensangrentada, el Padre lo vio de lejos. *Profundamente conmovido, salió corriendo a su encuentro, lo estrechó entre sus brazos y lo besó*. Y le exaltó *hasta lo sumo, y le confirió el nombre que es sobre todo nombre* (Flp

2:9), diciendo, "*¡Rápido! Traigan las mejores ropas y vístanlo, pónganle un anillo en el dedo y calzado en los pies* (todos signos de su realeza divina); *y luego saquen el ternero cebado, mátenlo y hagamos fiesta. Porque este hijo mío estaba muerto y ha vuelto a la vida; se había perdido y lo hemos encontrado".*

La venida de Cristo al cielo. Tenía que haber sido la celebración más impresionante de todos los tiempos. Y con Él, ¡todo ese desfile de hermanos recién liberados del infierno!

Regocijémonos y alegrémonos, y démosle a Él la gloria, porque las bodas del Cordero han comenzado. (Ap 19:7) A nosotros nos encanta la fiesta y la celebración; pero esta fiesta de bodas nos dejará sin aliento.

5.
Epílogo

Mientras Cristo entraba en su gloria quedaron otros hermanos todavía en el campo; ese campo que representa nuestro mundo vasto y extensivo. No sabían nada de Cristo, de su sacrificio ni de su victoria.

Cuando volvían tarde de la faena, oyeron a lo lejos música y cantos: el son de la Buena Nueva, el mensaje de Evangelio.

Muchos mostraron interés y llamando a uno de los criados preguntaron qué significaba todo aquello. *Se sintieron profundamente conmovidos y preguntaron... Hermanos, ¿qué debemos hacer?* (Hch 2,37)

Desde la primera venida de Cristo a lo largo de estos veintiún siglos muchos han explicado la fe con la palabra y con la vida. Siempre ha habido maestros y testigos, "criados", para guiar a los que mostraban el más mínimo interés.

El Padre también sale a buscarnos a nosotros, pues somos hijos suyos: ***tú siempre estás conmigo, y todo lo mío es tuyo.***

¡Cuánto anhela que entremos a su casa: ***ahora tenemos que hacer fiesta y alegrarnos***!

Y aquí seguimos... en el campo... viviendo en este mundo... ocupándonos con nuestros muchos deberes.

Pero cada día nos acercamos más a la casa del Padre. Pronto terminaremos nuestra tarea.

Hay una gran fiesta que nos espera a todos; pero como en el caso del hijo mayor, todavía es por verse quién quiere entrar y quién no.

V. LAS DIEZ MONEDITAS DEL PERDÓN EN EL MATRIMONIO

No dejen que el sol se ponga estando aún enojados. Efesios 4.26

En el decimoquinto capítulo del evangelio de san Lucas encontramos las tres parábolas de la misericordia: la oveja perdida, la moneda perdida y el hijo perdido (el hijo pródigo).

Los fariseos y los maestros de la ley veían con desprecio y disgusto cómo Jesús comía con publicanos y pecadores. De hecho, pasaba mucho tiempo con esa chusma y parecía que... ¡estaba encantado! No aguantaban ver cómo "se ensuciaba" al entrar en contacto con ellos – pues un profeta tenía que amonestar a los pecadores, no acariciarlos.

Esa actitud tan cerrada de los hombres de religión pesaba mucho sobre Nuestro Señor.

Él es el Amor y vino a salvar.

Le dolía ver el estado enfermizo que creaba el pecado en la vida de sus queridos seres humanos, y como buen médico se acercaba, tocaba, sondeaba... a fin de cuentas, se interesaba.

¿Cómo hacerles entender a los fariseos que el distanciarse del pecador, el odiar al pecador, era la única manera de garantizar que *no habría camino de recuperación?*... ¿Que el amor y la ternura serían la mejor manera de atraerles de nuevo a una vida santa y digna de un hijo de Dios?

Creo que es cuando comenzó a concebir las parábolas de la misericordia. Con la mano frotando su barbilla, en meditación profunda, iba poco a poco buscando la mejor manera de describir el amor que tiene Dios para con el pecador:

"Es como cuando uno de ustedes tiene cien ovejas y pierde una... ¡Qué alegría cuando la vuelves a encontrar!"

Una parábola bellísima, pero quizá a uno que otro le cuesta identificarse con una oveja.

Entonces, intentó de nuevo: "supongamos que una mujer tiene diez monedas y pierde una... pero luego, al volverla a encontrar llama a todas sus amigas para contarles su inmensa dicha y alegría."

Bien. Me gusta... aunque me convence más la de la oveja.

Tampoco Cristo se quedó del todo contento: "tengo que tocar mucho más el corazón de mis oyentes. Necesito hacerles no sólo entender, sino también *sentir* lo que siente el Padre ante el pecador."

Y entonces es cuando la inspiración le arrebata y da vida a la más grande y bella de sus parábolas.

La parábola del hijo pródigo les dejó a todos atónitos y conmovidos.

Ha sido tema de reflexión, de meditación, de conversión... durante siglos. Una verdadera joya y gracia para toda la humanidad.

Pero eso no significa que las dos parábolas anteriores sean sólo una especie de entremés o preparación. Las parábolas de la oveja y de la moneda perdida también son obras de arte y tienen elementos profundos que ofrecen al Espíritu Santo otros cauces de iluminación.

Por eso, no puedo concluir ese breve libro acerca del perdón en el hijo pródigo sin una palabra respecto a la mujer que perdió su monedita.

1.
¿La madre del hijo pródigo?

¿Qué mujer, si tiene diez monedas y se le pierde una de ellas, no enciende una lámpara y barre la casa y la busca afanosamente hasta que la encuentre? Y cuando la encuentra, reúne a sus amigas y vecinas y les dice: "¡Alégrense conmigo, porque ya encontré la moneda que se me había perdido!" Les digo que así mismo se alegra Dios con sus ángeles por un pecador que se arrepiente. (Lc 15: 8-10)

Cuando predico la Palabra de Dios, suelo usar ejemplos para dar color y vida a las ideas que quiero comunicar. Los mejores ejemplos vienen de mi propia experiencia, cosas que he hecho o padecido en primera persona.

Me pregunto si no habrá sido lo mismo con Jesucristo.

Él usaba mucho la parábola. Estos pequeños cuentos fueron el mejor medio para anunciar clara y profundamente la venida del Reino.

Pero estas parábolas, ¿siempre fueron hechos que él inventó... o de vez en cuando también se inspiraba en experiencias personales?

Es decir, ¿podría haber existido históricamente un padre con dos hijos... uno que se fue de casa con la mitad de la herencia? ¿Podrían haber sido conocidos de Jesús en su infancia o adolescencia? ¿Vecinos en Nazaret?

Y, ¿podría haber existido, de verdad, una mujer de su pueblo que un día perdió una moneda?

Si seguimos con la hipótesis que Cristo narraba tres parábolas acerca del perdón, cada una construida sobre la anterior en un crescendo hasta llegar a la perfección de la parábola del hijo pródigo, ¿no sería posible que, al hablar de la oveja perdida, recordó una experiencia de su infancia: una mujer de su pueblo que pasó una muy mala racha preocupada por su moneda perdida?

Y al pensar en ella, ¿no se le vino a la mente justo después todo su contexto familiar, que incluía la historia de su esposo e hijos muchos años después... después de su muerte?

Bastante fantasioso... pero no imposible.

Sea lo que fuere, cuando pienso en esta mujer en el contexto del perdón, no puedo dejar de reflexionar en el perdón que debe de haber en el matrimonio.

Pienso que sus diez moneditas terminaron siendo, no de oro o plata, sino más bien diez detalles de mucho valor para ella en su relación matrimonial.

Un día esa mujer, al llegar al final de su jornada, se dio cuenta de que le faltó un detalle de amor con su esposo. Esta falta le pesaba tanto que "barrió toda la casa" hasta recuperar ese detalle. Sentía una urgencia, una necesidad implacable de no irse a la cama antes de tener todo en orden. Su relación con su esposo significaba demasiado como para tomarla a la ligera. Cada una de esas monedas valía para ella oro.

2.
El amor está en los detalles

En el contexto de las tres parábolas, la moneda representa algo precioso, algo insustituible. Mientras en la primera parábola son cien ovejas y de ellas se pierde una, aquí la pérdida es más significativa: esta mujer ha perdido una décima parte de su riqueza.
Si sólo tengo diez monedas, no me es indiferente si pierdo una. Voy a sacudir la casa hasta encontrarla.

El mensaje *principal* de la parábola es que cada ser humano es precioso e insustituible. No porque se salvan muchos se va a quedar Dios tranquilo y en paz. Él se preocupa por cada uno... como si fuera el "único". Y no deja de poner todos los medios posibles para salir al paso del alma alejada y perdida.

Pero encontramos otras posibles lecturas y enseñanzas... y en específico, una que se refiere a la pareja: ***Los detalles del amor dentro del matrimonio son de alto valor e irremplazables.***

Muchas veces tenemos grandes problemas en nuestras relaciones no por grandes faltas o infidelidades (al menos inicialmente), sino simplemente porque se comienza a descuidar el amor; se permite que el cariño se enfríe.

Visto así, creo que esta parábola fácilmente se puede referir al cuidado que hay que tener cultivando las pequeñas manifestaciones del amor en el matrimonio.

El amor consiste sobre todo en detalles.

La señora de la parábola estaba inquieta.

Una tarde, estando sola en la cocina se dio cuenta que no todo iba bien en su vida.

Cuando se puso a reflexionar, descubrió que sí, expresaba el afecto a su marido de muchas maneras (logró contar hasta nueve), pero que últimamente ya no le apapachaba, ya no le abrazaba cuando volvía de la oficina de noche. Más bien, desde el momento que abría la puerta y entraba en casa, ella le "atacaba" con sus propias quejas y lamentaciones acerca de los percances que había sufrido durante el día.

Estaba preocupada.

¿Cómo y cuándo comenzó?: ya no se acordaba.

Pero sí, notaba que su marido no volvía a casa con la misma alegría, con las mismas ganas de verla.

Una cosa pequeña, quizá... pero una cosa que a ella le importaba mucho.

Su marido era su tesoro, y no podía permitir que se deslustrara por falta de atención y cuidado.

Entonces pasó todo el resto de aquella tarde "barriendo".

Cuando llegó su marido al final del día, casi le rompe una costilla con el abrazo que le dio. Había encontrado esa moneda perdida, y había que celebrar.

3.
Las diez moneditas del amor entre los esposos

Si pudiéramos hablar con esta señora acerca de las diez monedas de su vida matrimonial, ¿qué nos diría? Ella consideraba ese abrazo una de ellas, ¿pero las demás? (aquí hablamos de diez monedas en el matrimonio, pero obviamente no hay un número preciso.)

1) Recordar que ya no somos dos... sino uno.

Mi pareja es la primera prioridad en mi vida; incluso más importante que los hijos. Todos los días hay que trabajar la relación y buscar afianzarla más y crecer en el amor.

2) Servir.

Mi misión en la vida es hacer que mi pareja esté feliz, que se sienta amada y crezca como persona. Tengo que estar atento a sus necesidades y salir al paso de ellas. Nunca perder una oportunidad de darle un gusto. (Esto implica sacrificio. Implica morir a mí egoísmo. Pero es la mejor manera de crecer en el amor.)

3) Tener un mismo proyecto de vida.

Es importante compartir los mismos valores prioritarios. Puede haber muchas diferencias en cosas secundarias o de menos importancia, pero es fundamental que haya unidad en lo esencial. Puede ayudar que cada uno haga una lista de las veinte cosas más importantes en la vida y luego, comparar las dos listas. Si hay mucha diferencia, hará falta más esfuerzo en el diálogo y más apertura de cada uno al cambio; pero es importante llegar a un consenso en las primeras.

4) Decisiones importantes y planes para el futuro no se hacen sin consultar y sin dialogar.

Esto no nos resulta fácil a la primera. Antes de casarse uno normalmente lleva un bien tiempo – años – viviendo solo. Está más que acostumbrado a mantener las riendas de su vida, a controlar.

En el matrimonio, hay que recordar que todo lo que hago, decido, planeo afecta al otro directamente. Las cosas importantes, hay que dialogarlas antes. Hay que llegar a decisiones en común.

5) Buscar tiempo para estar juntos y hablar de la pareja.

La vida del siglo veintiuno va a una velocidad vertiginosa... especialmente si hay niños de por medio. El tiempo para estar juntos no se puede postergar ni mucho menos destinar a otras personas o actividades.

Si no se busca tiempo para estar juntos y solos, existe el gran peligro de vivir vidas paralelas. Existe el peligro de despertarme en diez años y preguntar, ¿quién es esa persona a mi lado?

6) Animar, apreciar, alentar, agradecer, afirmar.

Son dos personas que van caminando juntos hacia una meta. Se necesitan. Se tienen que apoyar mutuamente...y mucho.

Incluso cuando hay que comentar las dificultades y hablar de lo negativo (lo cual es muy necesario), hay que buscar hacerlo con caridad, ternura y buen espíritu. Cuando la crítica, recriminación y queja dominan, el desastre está cerca.

7) Recordar fechas importantes y aniversarios con regalos o fiestas o al menos abrazos.

Cuando los aniversarios ya no significan nada, la pareja pierde su identidad. Hay que mantener vivo el recuerdo de tantos momentos íntimos y alegres y regocijar en ellos. (Es interesante ver en el Antiguo Testamento cuánto Dios pedía a su pueblo que recordara y viviera fiestas y aniversarios.)

8) Abrazar y dejarse abrazar.

El contacto físico es muy importante para mantener el afecto. Cuando un intento de abrazo recibe como respuesta, ¿no ves que estoy ocupado?, dañamos mucho la relación.

9) La intimidad sexual.

Es un don sagrado que hace que el vínculo matrimonial sea inquebrantable. Es una manera "corporal" de imitar todo el éxtasis de amor que hay dentro de la Trinidad misma (además de participar en el poder creativo del Padre).

10) Dios.

Si el matrimonio es una vocación y un camino de santidad; si es un gimnasio de caridad y de virtud; sería una audacia emprenderlo con la pura fuerza humana.

Dios quiere caminar a su lado, ser fuente de paz y llevar a la pareja a la felicidad.

4.
Sano realismo

Es imposible que dos personas vivan juntas varias horas al día, siete días a la semana, mes tras mes sin que alguien cometa un error y hiera al otro.

Y es que somos seres humanos.

Si un justo cae siete veces al día (Prov 24:16)... ¿Qué sucederá si juntamos a dos justos?

Si yo sufro mis propias debilidades y me frustro conmigo mismo; si soy un misterio para mí mismo y no entiendo porqué no puedo hacer el bien que quiero hacer, ¿cuánto más difícil debe ser, si también tengo que cargar a las flaquezas de otra persona? – ¿y no sólo cargar, sino hacerme uno con ellas?

El libro de Génesis en el segundo capítulo nos dice que el hombre se unirá a su mujer y serán una sola carne. O sea la unión será tan estrecha que todo lo que es de él, también será de ella; que todo lo que es de ella será también de él. Si él estornuda, ella se enferma... si ella está preocupada, él no podrá dormir en la noche.

Hay que mantener, pues, un sano realismo. Habrá dificultades, malentendidos, momentos de egoísmo y soberbia...dolores. Nos vamos a herir mutuamente sin quererlo... y, de vez en cuando, desafortunadamente (aunque ojalá nunca) queriéndolo.

El Papa Francisco ha dicho lo mismo múltiples veces: *En la familia hay dificultades. En las familias discutimos. En las familias a veces vuelan los platos. En las familias los hijos traen dolores de cabeza. No voy a hablar de las suegras. Pero en las familias siempre, siempre, hay cruz; siempre... Pero en las familias también, después de la cruz, hay resurrección...* (26 de septiembre, 2015)

Pero todos estos conflictos no son cosas malas en sí. Pueden ser desagradables, pero son oportunidades para crecer en el amor.

De nuevo, el P Francisco en el mismo discurso: *No existen familias perfectas y esto no nos tiene que desanimar. Por el contrario, el amor se aprende,* **el amor se vive, el amor crece «trabajándolo» según las circunstancias de la vida** *por la que atraviesa cada familia concreta. El amor nace y se desarrolla siempre entre luces y sombras. El amor es posible en hombres y mujeres concretos que buscan no hacer de los conflictos la última palabra, sino una oportunidad. Oportunidad para pedir ayuda, oportunidad para preguntarse en qué tenemos que mejorar, oportunidad para poder descubrir al Dios con nosotros que nunca nos abandona. Este es un gran legado que le podemos dejar a nuestros hijos, una muy buena enseñanza: nos equivocamos, sí; tenemos problemas, sí; pero sabemos que eso no es lo definitivo. Sabemos que los errores, los problemas, los conflictos son una oportunidad para acercarnos a los demás, a Dios.*

Hay un paralelismo muy fuerte entre la vida natural, física, y la vida sobrenatural, de virtudes. Si quiero tener músculos fuertes, tengo que levantar pesas, hacer ejercicio, ser constante y perseverante. Si no siento nada de dolor, no habrá crecimiento.

Lo mismo sucede si quiero crecer en una virtud. La tentación, la dificultad, el obstáculo, son las oportunidades para ejercer la virtud. Son las "pesas".

En el matrimonio, las diferencias, las dificultades y los dolores son momentos para crecer, para morir al egoísmo e imponer el amor.

5.
La herida y la ira.

Una vez que se ha identificado una herida, una falta, una moneda perdida, hay que poner los medios para sanarla. Hay que "barrer toda la casa." De lo contrario, si cada uno se queda en su herida, la herida se infecta; los muros crecen cada vez más altos; la relación se envenena.

El camino más eficaz es enfrentar la herida juntos, como equipo, buscando la salud.

El medio es el diálogo.

La herida es lo que siento ante el hecho; la ira es lo que siento hacia la persona que me ha hecho el daño.

La herida me viene desde fuera. No puedo controlar si alguien me hiere o no.

La ira viene desde dentro. Es una pasión, espontánea, neutra. Yo decido cómo quiero llevar esta ira.

La herida, hay que aceptarla y eventualmente perdonarla.

La ira, hay que encauzarla o disiparla. Si no, llegarán deseos de vengarme: herida por herida, insulto por insulto, rechazo por rechazo. Si no, hay el peligro de aislarnos, cada uno en su esquina, encerrado en sí mismo, evitando la confrontación por miedo ante nuevos rechazos y heridas. (Amar es hacerse vulnerable).

El enojo se tiene que resolver.

6.
El camino del perdón.

a) Ir al fondo del problema: hablar acerca de las heridas.

Las heridas sí importan. No se puede decir simplemente "lo amo mucho, entonces no haré caso cuando me hiere". Disimular que todo está bien es una bomba de tiempo.

Hay que confrontar y dialogar las heridas: decir cómo y cuándo nos ha herido... pero no de forma dura o crítica, sino con humildad y dulzura. Se trata de escuchar y entender, de provocar el perdón; no de echar en cara, ni vengarse, ni hacer sentir mal al otro.

Explorar las formas en que nos hayamos producido daños mutuamente puede ser un proceso complicado y doloroso... una experiencia que instintivamente tratamos de evitar. Pero si ambos tienen la valentía y el coraje de enfrentar el pasado, puede haber cambios profundos y duraderos.

b) Evitar generalizaciones

Es mejor hablar de un incidente particular y no hacer generalizaciones.

Decir: "nunca me muestras afecto" no ayuda. Se percibe como un ataque y no hay una solución inmediata. Es una manera de quejarse, no de buscar una mejoría como equipo.

Sería mucho mejor comentar un hecho concreto: "Ayer, cuando llegaste del trabajo, yo me había sentido sola todo el día y lo único que quería era un abrazo... no sabes cuánto me podrías ayudar con ese pequeño detalle en otra ocasión."

Dicho con suavidad y dulzura, toca más fácilmente las fibras del corazón. No se siente como una agresión, sino como una petición de ayuda; y siendo tan concreto, ofrece la posibilidad de una solución obvia e inmediata.

En vez de decir: "nunca me agradeces todo lo que hago", intenta expresar: "hoy, pasé todo el día preparando la fiesta, y me cansé mucho. No sabes cuánto me hubiera ayudado y animado una palabra de agradecimiento. La verdad es que te necesito... tú me sostienes y sacas lo mejor de mí."

Hechos concretos, humildad y dulzura. Es todo un arte y requiere práctica, pero puede lograr cambios inmediatos.

c) Pensar en clave "nosotros"

Es fácil echar la culpa a los demás, a las circunstancias, a nuestros papás y a nuestra educación. Pocas veces nos atrevemos a aceptar que "también YO soy parte del problema."

Si mi pareja me muestra indiferencia, si se aleja o me hiere, casi siempre (por no decir siempre) yo comparto la responsabilidad. Por más que esté convencido de que la culpa es del otro, tengo que ver dónde podría estar fallando yo.

Nunca es fácil. Si a duras penas logramos admitir nuestras propias faltas, es más difícil es oírlas en la boca de otro. Pero es necesario. Si no hacemos el esfuerzo por escuchar y comprender la herida que hemos causado, no pediremos perdón de verdad. Terminaremos diciendo: "bien, bien, bien, es culpa mía... perdóname." Pero el tono de voz será clara indicación de que realmente lo que queremos no es el perdón, sino que nos dejen en paz.

Es preciso, pues, mantener una actitud fuerte de "nosotros". No importa tanto quién tiene razón o quién es la causa principal del problema. No se trata de que "yo gane" o que yo me justifique. Los dos tenemos que confrontar el problema con deseos de escuchar y entender para poder sanar la relación. La meta es construir y defender el "nosotros."

d) Decidir perdonarse mutuamente.

El perdón es sobre todo un acto de voluntad. No podemos controlar cómo nos sentimos. Los sentimientos nacen y desaparecen en mi corazón y muchas veces no sé de dónde vienen o a dónde van. A veces me despierto con un mal humor y no hay un porqué. No puedo controlar su existencia, aunque sí los puedo encauzar, utilizar, aceptar o ignorar.

El perdón no es un sentimiento. Siendo un acto de voluntad, yo puedo decidir si quiero perdonar o no.

Perdonando, abro camino para poco a poco ir olvidando. Conforme pase el tiempo, los sentimientos negativos que rodean la herida desaparecen. Hay que decidir perdonar... y hay que decidir *perdonarse... mutuamente.*

e) Abrir el corazón a Cristo

Perdonar puede ser muy costoso. En muchas ocasiones nos sobrepasa. Mucha gente, muchísima, sufre porque no puede perdonar ni olvidar. Se agoniza en un mundo de dolor y rencor sin encontrar salida.

Tenemos que acudir a Cristo. Él es la fuerza última que nos da la capacidad para perdonar.

El Papa Francisco ha dicho: *Perdonar es algo grande y, sin embargo, no es fácil perdonar, porque nuestro corazón es pobre y con sus fuerzas no lo puede hacer. Pero si nos abrimos a acoger la misericordia de Dios para nosotros, a su vez somos capaces de perdón. Muchas veces he escuchado decir: «A esa persona yo no la podía ver: la odiaba. Pero un día me acerqué al Señor, le pedí perdón por mis pecados, y también perdoné a esa persona».* (Papa Francisco, Audiencia General, 16 de diciembre de 2015)

Por eso, recomiendo mucho la Confesión. En la confesión Cristo nos sale al paso; nos lleva de la mano; nos abraza.

La confesión nos da la paz. Es bálsamo para nuestras heridas.

Pidiendo perdón, con frecuencia, vamos logrando un corazón libre y sosegado. Y más importante aún, vamos aprendiendo el hábito de perdonar.

Definitivamente el contacto con Cristo amigo nos trae la felicidad y cambia la vida. Cristo <u>es</u> la Vida... como, también es el Camino.

Cristo es el camino, el modelo, y el ejemplo perfecto de cómo hay que perdonar.

Cristo nos perdona.

Nos perdona libremente... sin rencores... con amor y ternura.

Nos lo perdona TODO. No hay nada que no puede perdonar; no hay nada que no quiere perdonar.

Nos perdona cuantas veces nos acudimos a él. Nunca se cansa de perdonarnos. No hay límites.

Finalmente, nos perdona olvidándose de todo. No guarda una lista, no la va repasando, no se queda con sentimientos heridos. Cristo lo olvida... todo.

Como él vivió el perdón, también tenemos que vivirlo nosotros también. Tenemos que ser, como él, un verdadero pródigo del perdón... un verdadero rostro de la misericordia del Padre.

www.ingramcontent.com/pod-product-compliance
Lightning Source LLC
Chambersburg PA
CBHW031413040426
42444CB00005B/544